HYMNE
DE LA GESINE
DE NOSTRE DAME.

Dediée à Madame de SOYECOVRT.

Par FRANÇOIS MORAND.

Vers Heroïques.

A AMYENS,
De l'Imprimerie de IACQVES
HVBAVLT, demeurant
deuant le beau Puits.

M. DC. XVIII.

HYMNE DE LA GESINE DE NOSTRE DAME.

SAincte ſoit à touſiours l'heureuſe Paleſtine,
Et ſolyme, ou pour nous le ſalut ſe termine,
Soit l'antique Phœnice auide du retour
De ſon dominateur qui viſite allentour
Des vallons Iudéens iuſqu'aux monts d'Iturée;
Et que leur ſaincteté ſoit de longue durée.
Qu'on ne ſonne plus mot, qu'on ne die plus rien,
De la natiuité du Demon Syrien,
De Decerte & Dagon, toute la renommée
Au païs d'Aſcalon, s'éuapore en fumée.
Dieu veut naiſtre icy bas, & deſcendre des Cieux
Pour, homme, debeller en terre les faux Dieux,
Il les enterre en terre, & faict taire en les Iſles,

Il rend par tout muets les Oracles, Sybilles.
Ie veux de l'homme Dieu, rediger par escrit,
L'amour & la bonté, sçauoir de Iesus-Christ,
Qui de Vierge fut né, sans douleur & sans peine
Et de sa mere encore reciter la Gesine
Mere qui demeura Vierge en l'enfantement
Ayant du S. Esprit conçeu tant seulement,
De c'est Esprit sacré qui m'ẽflame & prouoque
A tracer ce discours, ô Esprit ie t'inuoque,
Ie t'inuoque, ô petit, de Vierge tendre enfant,
O enfant nouueau né, Monarque triomphant.
Ie t'inuoque, deuot, ô chaste Vierge pure
Dont la virginité parfaicte tousiours dure
Affin que doucement ma voix puisse entonner
Ceste Hymne à ton hõneur, qui s'en va resonner,
Ie n'inuoque Apollon, ma plaincte ne s'amuse
A chercher les faueurs d'vne propbane Muse.

Madame, qui tenez vos Nobles sens ouuerts
A toute pieté, ie vous offre ces vers,
Si les auez à gré, ils vous diront de suitte
De la mere de Dieu, la Gesine deduitte.

Au temps qu'Octauian Monarque dominoit
Que toute nation sous ses loix cheminoit,

Quand il eust commandé huict lustres, deux années;
Et qu'il eust de la paix ses conquestes bornées,
Par tout cét uniuers, un decret, un Edit
Promulgué promptement tesmoigna son credit.
Il mãdoit qu'en tout lieu fut toute ame enrolée,
L'Edict fut publié iusques en Galilée,
Car lors l'Estat Romain, tres-puissant & tres-fort,
Tenoit les Syriens sous son ferme resort.
Le Preuost Cyrinon gouuernoit la Prouince,
Qui mist à grand effect cét Edict de son Prince,
Car il manda par tout les gens en leurs Citez,
Ou leurs noms par escrit luy seroyent recitez.
Si tost de cét Edict la nouuelle semée
Du bord Phœnicien, iusqu'au bout d'Idumée,
Affin d'exactement l'ordonnance garder
Chacun fut enrolé sans rien y retarder,
Aucuns vont à Damas grand resßort de Syrie,
Les autres à Sydon, autres à Samarie,
A Seleucie aucuns cheminans à l'abord,
Rencontrent au chemin gens d'un autre ressort,
Aucuns vont à Dora, les autres à Berite,

Car leur cognation en ces lieux est escrite.
La race d'Isachar aussi de Zabulon
Habitans dans les champs du grand val Esdrelon,
Vont pour s'enregistrer en Tyr, en Cesarée.
La Cité Bethleem fut alors preparée
Pour la race à Iuda: car elle auoit les droits
De tenir vn registre en la race des Roys,
Ce bon Ioseph issu de famille Royalle,
Marie son Espouse & compagne loyalle,
Partent de Nazareth leur sejour & village,
Et vont en Bethleem satisfaire au peage,
Car l'vn & l'autre estoit de Noble extraction,
Et la race des Roys fut leur cognation.
Or la Vierge en ces iours de voyage auoit crainte,
Car sans le germe humain elle estoit lors enceinte
Dont son iuste mary remply d'estonnement,
Le mystere incognu admiroit grandement,
Voyant selon le Ciel les choses accomplies.
La lune ia neuf fois ses cornes a remplies,
Lors durant ce sejour, le temps fut terminé
Que Marie enfanta son enfant premier né:

Qui fut soudainement couché dedans la creiche,
En toute la Cité personne ne s'empesche
D'assister cét enfant, aucun ne le vint voir,
Nul Bourgeois ne luy fist aucun pieux deuoir.
Ne trouua pour loger place à l'Hostelerie
Parquoy le bon Ioseph & la Vierge Marie
Logerent à l'abry d'vn bastiment ouuert,
Ou l'enfant fut posé au serain descouuert.
Toute chose fut lors en repos & silence,
Il n'estoit pas besoin de prospere influance
Pour bō-heur acquerir, & les maux destourner
Sous l'astre Nixean: ny Menés amener.
Icy pour la douleur, aigreur ou fascherie,
Il ne faut reclamer Lucine ou Egerie.
Sans douleur, sans peché s'accomplit & se fait
Ce mystere sacré, sainct, vtil, & parfaict,
Qui la virginité n'abolit ou ruine
Apres l'enfantement n'y constant la Gesine.
Le Syluain demy Dieu s'en recule fasché,
Aux ombres des forests, Faune alors est caché,
Soubs l'obscur de la nuict se retire en arriere,
Dedaigneux du regard de tant belle lumiere.
La gisante ioyeuse au prodige nouueau

Repose en son giron le sainct germe si beau,
Qui de commodité n'a cy bas rien qui vaille,
Le voicy reposant sur quelque peu de paille,
Tant le Sauueur Iesus pauure au mōde est venu.
Naissant l'Asne & le Bœuf plustost l'ont
recogneu
Que n'ont fait les humains habitās dās la terre.
Le Ciel n'a peu tenir ce que la Vierge enserre.
Ceste nuict dans les champs, en l'air Anges
legers
En clarté lumineux furent veu des Bergers
Qui veilloyēt leurs troupeaux parmy ceste cōtrée
Leur ame de frayeur timide fut outrée.
L'Ange dict, ô Pasteurs pour moy ne craignés
pas;
Ie viens vous annoncer en la terre icy bas
Sainct & nouueau salut, au peuple grande joye,
Vous verrez ce grand bien là ou ie vous enuoye.
Auiourd'huy le Sauueur, comme il est recité
Du Prophete Dauid est né dans la Cité,
Pour cognoistre le Christ de tous Roys le Mo-
narque,
Ie vous en veux donner asseurée remarque

Allez

Allez en Bethleem, & la vous y verrez
Une mere pucelle, & si vous trouuerrez
L'enfant enueloppé de banderolle & langes.
Lors ces Bergers ont veu des carolles des Anges
Dans l'air & dans le Ciel au dessus de ce lieu,
Ces celestes Esprits chantoyent loüange à Dieu,
Les Cherubins aprés couuerts dedans les nuës:
Les Pastres s'en vont voir les choses aduenuës,
Ils ont trouué l'enfant dedans la creche mis,
Et Marie & Ioseph qui n'estoyent endormis,
Ains auprez du Poupin assis dessus la paille
Ils attendoyent le iour au clair d'une chandelle,
De cét euenement chacun d'eux fut esmeu,
Lors ils ont raconté tout ce qu'ils auoyent veu.
Un bruit courut par tout pour si grãde merueille
La Vierge tient au cœur ce qu'elle oit de l'aureille,
Et furent ces Pasteurs de liesse remplis.
Or il fut circoncis les huict iours accomplis,
Car adonc de la loy l'ordonnance fut telle,
Nom luy fust imposé & Iesus on l'appelle,
On l'appelle Iesus nom de douce saueur,

Nom benin, gracieux, qui denote Sauueur,
Nom propre au fils de Dieu, nom qui iamais
ne change
Car auant que conçeu il fut nommé de l'Ange.
O combien merueilleux est desia cét enfant!
Par miracles du Ciel on le void triomphant:
Par prodiges nouueaux il estonne sa mere.
Crainte, espoir, & desir, or la douleur amere
Ceste Vierge saisit quant elle oyt raconter
Les faicts prodigieux. On le void surmonter
Les miracles des Saincts, qui donne coniectures
Que ce fils conduira d'heureuses aduentures.
O combien merueilleux fut cét enfantement!
La mere n'y reçeut angoisse ny tourment.
Comme elle estoit deuant aprez fut außi belle
Et sans pollution elle reste pucelle.
Ainsi que le Christal d'une vitre a reçeu
Un beau ray de Soleil ceste Vierge a conçeu.
Le Soleil de ses rays la vitre point ne casse
Quand le ray au trauers lumineux outrepasse:
Ainsi le doux Sauueur son corps en elle prit,
Excité seulement d'un vent de S. Esprit.
Car de polution ne fut point abreuuée,

Du S. Esprit sans plus enceinte fut trouuée,
Elle fut neantmoins espouse au Charpentier
Qui estoit son mary : de ce mesme mestier
Est Dieu qui tout bastit, & l'auoit espousée
Ainsi qu'vne toison espouse la rosée.
De ce mary Ioseph, n'a procedé le fis
Mais de toy grand ouurier qui tout le monde fis,
Tire sa geniture, en toutes sortes pures :
D'où vient la pureté à toutes creatures,
Par ce petit enfant qui nasquit à ce iour.
O quel est cét enfant ! combien de grãd amour
Est épris son vouloir aux humains fauorable,
Pour rendre bien-heureux le pecheur miserable?
Ce doux tendron guarit tous les plus amers maux
Seul il fait respirer tous viuans animaux.
Precipite robuste au centre de l'Auerne
Les Demons dominans au bocage superne,
Astaroth & Baal ne se font plus ouyr,
Les Oracles en terre on voit s'éuannouïr
Tant la diuinité menageant ceste ouurage
Auec l'humanité nous est vn bon presage.
Puis que sur toute chose il espand tant de biens,
Qui peut douter qu'il n'ait rompu tous les liens

Du peché, dans le corps dont il print origine
Voyant la pureté de si saincte Gesine?
La Vierge l'ame & corps a remplis de santé,
Sainct est son sein ouuert: le tetin presenté
Ne s'emplit de bouïllon composé de racine
Pour desalterement, n'y de la medecine
Ruminale, qu'on fait de blatta bisanton
Pour guarantir du mal qui prouient au teton.
La Vierge est en santé Iesus soigneuse traicte,
De pucelle (pour vray) la mamelle il alaitte,
Nature à ce moment muë & change son cours,
Cét enfant qui peut tout n'a besoin de secours.
Il fait fieures faillir, quoy que fascheuse on dic,
De collique, & du col guarit la maladie,
Par ce bon Medecin tout mal nous est osté,
Il guarit promptement le grand mal de costé.
Mal au cœur, mal aux yeux, sont par luy mis en route,
Or les pieds, or les mains guarentit de la goutte.
Bref ce petit enfant rend le corps à repos,
Libre, content, joyeux, sain, prompt & bien dispos.
Or bien loin de l'esprit il tire & chasse encore

Les sinistres presens de la boëte à Pandore.
Qui plus est cét enfant est si puissant & fort,
Qu'il enfonce l'Enfer, & fait mourir la mort.
La mort n'a plus la dent deuorante ou aiguë ,
La mort plus rien n'occit, plus ne mord, plus ne tuë ,

On dit qu'aprés les iours de la purgation,
En la saincte Cité pour faire oblation ,
De toute pieté ceste Vierge remplie ,
Voulut que par son fils la loy fut accomplie.
Au nom de premier né comparãt au sainct lieu
L'enfant fut presenté pour estre sainct de Dieu,
Ses Edits de la loy voulant tenir & faire,
Elle offrit pour son fils de tourtes vne paire.
Le iuste Simeon print l'enfant dans ses bras
Et loüa Dieu, disant : Seigneur tu ne tiendras
Maintenant ton seruant , qu'en paix il ne s'en aille:
Or à l'œil ie le voy, ie l'entens de l'oreille
Ce salut, de long temps aux peuples preparé,
Lumiere aux nations pour l'esprit esgaré ,
Entre tous les Gentils l'acte sera notoire
Releuant Israël de ton peuple la gloire ,

Cét enfant sera mis par bonne intention
En ruine d'aucuns, aux vns erection.
O Vierge ce beau fils qui ton desir entame
D'vn glaiue de douleur percera dans ton ame.
Simeon ayant dict, la fille à Phanuel
Predit que cét enfant rachetroit Israël.
O quel est cét enfant! qui d'amitié rauie
Asseure les mortels d'vne eternelle vie;
Il se donne à manger soy-mesme de ses mains
Il est manne du Ciel qui rauy les humains
Son pur sang innocent de salut est le prix
Pour tous ses bien-aymez sous sa grace compris.
Or qu'il soit bien petit, par luy sont toutes choses,
Du monde les faueurs en sa main sont encloses.
Il produit le salut par son verbe trenchant
Du bout de l'Orient iusqu'au Soleil couchant,
Au dessous d'Equateur aussi bien que du Pole
Il fait de toute parts retentir sa parole.
Point ne seront sauuez sans son sang les Persans,
Sa personne est par soy, sans soy sont perissans
Les peuples plus peruers : & courtois, santé cede
Aux Scythes plus affreux, & aux Medois re-
mede,

Sauue les Sabéens, & son seur salut sert
Aux Arabes felons, habitans le desert.
Il maintient les Estats du grand globe du mõde,
Il estaye les Cieux, l'air, & la terre & l'onde,
Il eschauffe le feu, & donne en vn moment
Mol & doux mouuement au viste firmament.
Il est le Roy des Roys: sa Royauté sublime.
Les Roys vont adorant en la saincte Solyme.
On dict que d'Orient quelques Mages & Roys,
Partirent diligens estans en nombre trois;
Passent monts & deserts, sans frayeur & sans crainte,
Et prirent leur chemin droit en la terre Saincte,
Et vers Ierusalem pacifique Cité:
La reuelation les auoit incité
D'entreprẽdre soudain vn grãd & long voyage,
Pour venir à Iesus, Roy des Iuifs faire homage,
Car ces Roys opulents en auoyent les moyens.
Ou est né vostre Roy? dites nous, Citoyens?
Icy nous a conduict son Estoille luisante,
Affin qu'en l'adorãt beaux dons on luy presente.
Offrir à sa grandeur sommes icy venus

Les biens en nos estats de plus grand reuenus.
Ceste Natiuité par la ville resonne,
Herode le tyran tout troublé s'en estonne,
Mesme Ierusalem par vn timide effroy
Iugea que le Sauueur pouuoit estre ce Roy.
Herode demanda ou le Christ deuoit naistre,
Assembla le Conseil affin d'en mieux cognoistre,
Puis estant aduerty qu'Efrata fut l'endroit
Les Mages enuoya par le chemin plus droict.
L'estoille encor alloit deuant eux sur la voye,
Dont ils furent remplis de liesse & de joye.
Les Mages arriué au Bourgade Efrata,
On dict que l'astre clair quelque temps s'arresta
Sur l'Hostel de Iesus, & de saincte Marie,
Puis on vist sa clarté toute esteinte & perie.
Ils ont la desployé leurs dons & leurs presens,
Ont offert à Iesus vn vase plein d'Encens,
Pancaïque choisy aux coustaux de Sabée:
Se sont mis à genoux, & la teste courbée,
De Tharse & d'Orient desployant le thresor
Ils ont de Meroé apporté Myrrhe & or.
Ils eurent en dormant du Ciel vne responce
Car l'Ange s'apparut pour leur faire semonce

De ne point

De ne point retourner vers Herode inhumain,
Qui se disoit alors des Iuifs Roy souuerain
Les Mages de ce pas remplis de toute joye
Retournans au pays vont par une autre voye.
Et Ioseph d'autre part prent cét enfant de nuit,
Par vn Ange aduerty, en Egypte s'enfuit.
Herodes se voyant abusé par les Mages,
Tant dedans Bethleem que sur tous les passa-
ges,
Les petits enfançons enuoya mettre à mort,
Car ce Roy nouueau né en terre, il craignoit fort.
On dit qu'en ce temps-là vrayement fut accom-
plie
La plainte de Rachel, qui pleurante n'oublie
A gemir ses enfans, lesquels tant elle ayma:
Et son gemissement s'entendit en Rhama:
Pour ces petits garçons tellement se desole,
Qu'elle ne peut souffrir que quelqu'vn la con-
sole.

Herode fier Tyran vn peu apres mourut:
Parquoy l'Ange à Ioseph en Egypte apparut,
Qui luy dict, leue toy, & retourne en ta terre
Celuy plus n'est viuant qui fit à Dieu la guerre.

Ioseph de son sommeil fut soudain reueillé
Et pour ceste nouuelle estant esmerueillé
Prend Jesus en ses bras le caresse & le prie
Conduisant quand & luy son espouse Marie :
Car pour soulagement de miseres luy sert.
Ils suiuent le chemin d'vn long vaste desert.
Icy sous vn palmier alterez se reposent,
Puis de l'euenement les remedes proposent.
Icy dans les rochers & dans les vastes vaux
Attristez affligez, surmontent leurs trauaux.
Arriuez en Edom, vne nouuelle crainte
Saisit le bon Ioseph & son Espouse saincte.
Herode decedé le regne fut party,
Entrant dans le pais, Ioseph fut aduerty
Qu'Archelaüs estoit de Iudée Tetrarche.
Ioseph par la passant en diligence marche
Et iusqu'en son pais chemina sans arrest,
Pour aller au sejour de leur doux Nazareth :
Parquoy Nazarien cét enfant on appelle.
De Marie pour vray, la Gesine fut telle,
Pour auoir enuers Dieu seure intercession,
I'implore ceste Vierge en ma conclusion.

O du doux Redempteur Alme, Mere & nourrice
Que tu és aux humains fauorable & propice!
D'autant que l'Eternel au principe voulut
Saincte te destiner à porter le salut,
Car portant vn enfant, salut tu nous apporte,
Donc du Ciel à bon droict on te nomme la porte.
O bel astre luisant, estoille de la mer,
Combien le genre humain à subiect de t'aymer?
Tu és à tous momens aux croyans secourable,
Ta pitié luit tousiours au pecheur miserable.
Si l'ame veut tomber soudain tu as le soin
Sa cheute releuer à son iuste besoin.
Le fils de Dieu dans toy a pris nature humaine
Vierge tu l'enfantas sans douleur & sans peine.
Et son humanité ne prouient que de toy,
Et du diuin Esprit amoureux de ta foy.
Ton sainct enfantement, ta saincte geniture,
En tout cét vniuers estonne la nature.
Tu és mere à ce coup de celuy qui te fit,
Cil qui ton pere estoit est deuenu ton fils.

Ton pere est ton mary, i'entens le Dieu suprê-
me,
Et ton fils ton amant, qui d'une amour ex-
tresme
Ayant uny le corps à sa diuinité
A gardé comme toy saincte virginité,
Apres l'enfantement tu demeuras pucelle,
Ta grace à tes seruants ne recule & ne celle
O douce Vierge entens à leur deuotion,
T'offrans de Gabriel la salutation.
Soit par ton fils benin ma priere concluë
Mere Alme de Iesus ie t'inuoque & saluë.

FIN.

www.ingramcontent.com/pod-product-compliance
Lightning Source LLC
LaVergne TN
LVHW052035160826
845678LV00003B/1362

* 9 7 8 2 3 2 9 6 3 4 7 5 3 *